LES EAUX POTABLES
DE
DUNKERQUE

SOUVENIR D'UNE EXCURSION GÉOGRAPHIQUE

à Houlle et à Watten

Faite par les élèves du collège de Dunkerque

SOUS LA CONDUITE DE

M. GEORGES KREMP

Licencié ès lettres, Professeur d'Histoire et de Géographie
au Collège de Dunkerque
Secrétaire général de la Société Dunkerquoise
pour les Sciences, Lettres et Arts
Secrétaire de la Société de Géographie

DOUAI
IMPRIMERIE O. DUTHILLŒUL, RUE LÉON GAMBETTA, 12
— 1891 —

Les abonnés au Bulletin publié par l'Union géographique du Nord de la France ont pu lire, dans la remarquable étude de M. Gilles sur le port de Dunkerque, le passage suivant, relatif aux eaux souterraines de cette ville : « Placé entre les
» Wattringues, d'un coté, la mer de l'autre, Dunkerque est
» mal pourvu d'eau potable. Son sol entièrement sableux
» tamise les eaux pluvieuses et les eaux marines. Il est tout
» imprégné d'une eau jaunâtre qui apparaît par des forages
» de peu de profondeur. Pour l'alimentation, on recueille
» l'eau de pluie, qui est conservée dans des citernes, dont
» sont munies toutes les maisons. L'eau employée par la
» ville pour le lavage des rues est prise au canal de Bour-
» bourg, à deux kilomètres environ avant son entrée en ville.
» Des travaux importants sont actuellement en cours d'exécu-
» tion pour amener des environs de Watten les eaux des
» sources de Houlle. »

Ajoutons à ces renseignements précis que M. Deguisne, ingénieur civil à Béthune, a obtenu de la ville de Dunkerque une concession de soixante ans pour la distribution d'eau potables, provenant des sources de Houlle. Le projet comporte une dépense de 2.200.000 francs. Pour réaliser ce capital, le concessionnaire a formé une Société anonyme qui compte 2.240 actions et 2.400 obligations. L'état d'avancement des travaux est des plus satisfaisants. L'entreprise a été subdivisée en trois lots : 1° canalisation ; 2° bâtiments ; 3° machinerie. La canalisation a été adjugée à MM. Mathelin et Garnier, de Paris ; elle comprend la fourniture et la pose de 40 kilomètres de tuyaux en fonte, dont le diamètre varie entre 0^m,500 et 0^m,400, et le poids entre 200 kilos et 150 kilos le mètre. Ces tuyaux proviennent de l'importante usine de Pont-à-Mousson et arrivent par les canaux. La pose des tuyaux est faite aujourd'hui sur 26 kilomètres environ, et l'activité sur les chantiers est telle qu'on peut bien espérer voir le travail achevé avant deux mois. Les bâtiments se composent d'une salle des machines, située à Houlle, et d'un réservoir supérieur, situé au mont de Watten. La salle des machines est presque terminée ; le réservoir supérieur est fini, et un atelier de cimenteurs étale les enduits depuis quelques jours. Quant à la machinerie, elle compte trois générateurs et deux machines, possédant chacune une force de 180 chevaux. Les trois générateurs sont placés et l'on opère le montage de la première machine, dont toutes les pièces sont arrivées à Houlle ; la deuxième machine ne sera installée que dans le courant du mois prochain. Tout, par conséquent, donne lieu d'assurer l'adduction des eaux de sources à Dunkerque pour juillet prochain.

Ce sont ces remarquables travaux que nous avons visités le 30 avril dernier ; nous avons eu la bonne fortune d'être guidés, au terme de notre voyage, par M. Deguisne lui-même, l'ingénieur civil concessionnaire qui sait, en même temps et avec autant d'habileté, cultiver les sciences et les arts, puisqu'il se trouve être aussi adjoint au maire de Béthune et président de la Société de géographie de cette ville. Avec une charmante amabilité, et par une série d'explications claires et intéressantes, M. Deguisne a bien voulu nous initier à tous les secrets de cette merveilleuse installation, appelée à rendre de si grands services, non seulement à la ville de Dunkerque, mais encore au littoral flamand entier, puisque la conduite d'adduction des eaux de Houlle servira pour Watten, Bourbourg, Gravelines, Bergues, Coudekerque-Branche, St-Pol et Rosendaël.

Houlle et Watten, tel est le double but de notre excursion, car, si les sources, les aqueducs, les machines, les réservoirs inférieurs se trouvent à Houlle, le réservoir supérieur, ce qu'on appelle ordinairement le château d'eau, s'élève sur le mont de Watten. Le moyen le plus simple et le plus commode pour accomplir ce court mais attrayant voyage, c'est de descendre à la gare de Watten-Eperlecques, presque sur la lisière des deux départements du Nord et du Pas-de-Calais; Watten dépend de la première de ces deux circonscriptions administratives, Houlle de la seconde. Traversez le passage à niveau du chemin de fer attenant à la gare, prenez la route tracée droit devant vous jusqu'à Ganspette, tournez alors à votre gauche, en laissant de côté la forêt d'Eperlecques, et vous arriverez à Houlle, après avoir aisément gravi la pente légère et douce du plateau sur le flanc duquel s'étage ce petit village. La distance à parcourir est à peine de six kilomètres.

Houlle est une commune de 600 habitants environ, relevant du canton de St-Omer. Le village ne présente par lui-même aucun intérêt. C'est une longue rue sinueuse, assez large, bordée de rares maisons sans cachet particulier, trois ou quatre usines, notamment une distillerie de genièvre bien connue dans la région du Nord, donnent quelque activité à ce coin perdu du Pas-de-Calais.

Le plateau de Houlle atteint à peine 30 mètres de hauteur; en face se dresse un autre monticule de même élévation, supportant le modeste village de Moulle ; entre les deux mamelons, les séparant, serpente la minuscule rivière de la Walle. C'est dans le fond de cette vallée, au milieu de quelques bosquets, que jaillissent des eaux de sources, de tout temps renommées par leur pureté et leur abondance. Ce sont les meilleures eaux potables que l'on rencontre dans le Nord de la France. L'analyse chimique en a été faite par M. Carnot, ingénieur en chef des mines au laboratoire de l'Ecole nationale des mines, et a fourni les résultats suivants:

Résidu fixe par litre.	0 gr. 3220
Silice.	0 » 0130
Bicarbonate de chaux.	0 » 3686
Bicarbonate de magnésie.	0 » 0253
Bicarbonate de protoxide de fer.	Traces
Sulfate de chaux.	0 » 0093
Chlorure de potassium	Traces
Chlorure de sodium	0 » 0261
Matières organiques.	0 » 0012
Total	0 gr. 4435

Le docteur G. Pouchet, rapporteur du comité d'hygiène de France, déclare que les résultats des examens chimiques et biologiques concordent pleinement pour démontrer la grande pureté de l'eau de sources de Houlle. Il a été aussi facile de se rendre un compte exact de son abondance. On rapporte que des moines, probablement ceux de l'abbaye de Watten ou ceux de St-Bertin, ayant reconnu à cet endroit la présence d'une vaste nappe d'eau souterraine, y ont créé une soixantaine de petits forages en bois d'environ 15 m. de profondeur et 0^{m}08 de diamètre, afin d'obtenir une force motrice suffisante pour un moulin à farine. On voit encore aujourd'hui l'eau jaillir de ces forages, parfaitement conservés, s'échelonnant tout le long de la vallée; ils fournissent, comme le prouve un rapport de M. Peslin, ingénieur en chef des mines à Valenciennes, plus de 250.000 litres d'eau par jour au bief du petit moulin qui fonctionne modestement à côté de la distillerie de genièvre. Il se passe là quelque chose d'analogue à ce que l'on admire aux sources du Loiret ; presque à son origine la Walle, comme le Loiret, a un débit d'eau considérable ; presque à son début, comme le Loiret, la Walle est navigable ; c'est un véritable lac, de petite étendue sans doute, mais charmant par la limpidité et la pureté de ses eaux : l'on s'y mire comme dans une glace.

C'est en amont de ces forages, sur le sommet du plateau, que M. Deguisne a acquis une prairie de 250 ares, dont le sous-sol communique avec la riche nappe d'eau que nous venons de décrire. Sur cette prairie est édifié un vaste bâtiment, sous lequel est installé un réservoir inférieur alimenté par trois puits d'environ 0^m,500 de diamètre et 15^m de profondeur, et dont un seul, qui a servi aux essais, rejette plus de 6000 m. c. d'eau par jour. Le bâtiment, en briques du pays, se trouve divisé en deux compartiments : l'un renferme les trois générateurs semi-tubulaires, recouverts de briques réfractaires ; l'autre est destiné aux deux machines élévatoires, confectionnées à Anzin, toutes deux puissantes et élégantes à la fois. Il suffira de deux générateurs et d'une machine élévatoire en fonction pour refouler facilement chaque jour 80,000 hectolitres d'eau ; il restera donc en disponibilité, pour parer à toute avarie ou pour permettre le nettoyage, une machine et un générateur. De la sorte, le service se trouvera toujours complétement assuré.

Un aqueduc en maçonnerie conduit les eaux de sources sous la salle des machines ; dans cette même salle prend naissance le tuyau de refoulement. Il est en fonte, a 0^{m}400 de diamètre, et est placé à 0^{m}80 de profondeur sous l'accotement. Ce tuyau suit le chemin vicinal jusqu'à la rencontre de l'Aa navigable, à Watten.

Suivons donc la même route que le tuyau de refoulement et nous arriverons à Watten. C'est un assez grand village de 1600 habitants au moins, relevant du canton de Bourbourg. Il est coquet'ement installé sur les rives de l'Aa, dont les eaux paresseuses lavent doucement les derniers degrés de rustiques escaliers conduisant à de gracieux jardinets. Contrée pittoresque qui séduit et réjouit le voyageur; attristé par la longue monotonie des plaines du Nord, étonné et enchanté de voir tout à coup se dresser devant lui une colline haute de 72^m, surmontée d'une vieille tour en style roman s'élevant de 50^m environ dans les airs. Du haut de la colline ou de la tour, il lui est donné de jouir d'un superbe panorama, il lui est permis d'embrasser d'un seul coup d'œil toute la plaine, riche et verdoyante, qui s'étend de St-Omer jusqu'au littoral flamand. Au pied de la colline, ce sont des champs fertiles, coupés par une infinité de rigoles, les sillonnant dans tous les sens avant de se perdre dans les canaux de la Colme et de l'Aa, qui circulent autour, animés eux-mêmes par les bélandres et les bacs qui glissent sans bruit entre les deux rives. Plus loin un amas confus de maisons; c'est St-Omer, avec les ruines de St-Bertin et la cathédrale, que l'on distingue nettement, quoique enveloppées par un léger brouillard. A droite et à gauche, une sombre couronne tressée par le feuillage des forêts d'Eperlecques, du bois du Ham, du bois des Dames, percés de rares éclaircies. Enfin de l'autre côté, mais bien loin, bien loin, l'on aperçoit vaguement les tours de Bergues et de Dunkerque, le Sémaphore de Zuydcoote, et plus nettement, comme un fil suspendu entre le ciel et l'onde, le phare de Dunkerque, dont les rayons, le soir, étendent une faible lueur jusqu'aux environs de Watten. La vieille tour de Watten, classée parmi les monuments historiques, est le seul reste, ou à peu près, de l'ancienne abbaye établie au sommet du mont. Les habitants prétendent qu'il existe, partant du pied de la tour, des souterrains reliant

Watten à Carrel d'une part, à Bergues d'autre part ; mais ces assertions n'ont pu jusqu'ici être confirmées ou même contrôlées. La présence de cette abbaye a dû assurer à Watten une certaine prospérité pendant le moyen-âge. Aujourd'hui Watten n'est pas sans importance ; sa situation sur l'Aa, au point où la rivière canalisée rencontre le canal de la Colme à l'intersection de trois grandes routes fluviales menant vers St-Omer, vers Gravelines et vers Bergues ou Dunkerque, et de trois voies ferrées conduisant sur St-Omer, sur Calais et sur Bourbourg avec double embranchement pour Gravelines et pour Dunkerque, sa situation, dis-je, est excellente pour son développement industriel et commercial : filatures, brasseries, tanneries, four à chaux, chantiers de construction, trouvent à Watten les précieux avantages procurés par ces nombreuses voies de communication, et leur installation est d'un bon augure pour l'avenir de cette petite commune.

Les travaux entrepris par M. Deguisne à Watten contribueront pour une bonne part à sa prospérité, et lui apportent déjà quelques ressources. Sur le chemin de hallage de l'Aa canalisée se trouve établie une chambre de robinetterie mettant le tuyau de refoulement en communication soit avec le réservoir supérieur du mont de Watten, soit avec la conduite principale se dirigeant sur Dunkerque. Le mont de Watten étant de l'autre côté de la rivière, pour assurer la communication, on a dû échouer sous le lit de l'Aa, et sans interrompre la navigation, un siphon de 0^m,400 de diamètre, en tôle galvanisée ; il est à 1 m. au-dessous du plafond de la rivière. A la sortie du siphon, le tuyau de refoulement, toujours placé à 0^{m}30 sous le sol des prairies, suit ou gravit la pente du mont de Watten et arrive sur le haut du plateau, où est installé le réservoir supérieur.

Ce réservoir supérieur est un véritable monument souterrain, reposant sur un fond caillouteux d'une grande fermeté, et comportant des murs en maçonnerie d'une épaisseur telle qu'elle dissipe toute crainte pour l'avenir. On pourra y emmagasiner 61.000 hectolitres d'eau en deux immenses compartiments, capables d'être isolés, pour permettre le nettoyage. En avant se présente une chambre de robinetterie avec deux vannes, correspondant chacune à un compartiment du réservoir. Le fond du réservoir se trouve à la cote 70 du nivellement général de la France, et il y a 4^{m}50 de hauteur entre le fond et les déversoirs des voûtes qui recouvrent l'ouvrage. Le réservoir s'étend sur un champ de 80 ares de superficie ; il sera complètement remblayé, afin de conserver à l'eau toute sa fraîcheur.

Notons, pour terminer, que le niveau de l'eau dans le réservoir atteindra la cote 70 + 4^{m}50, soit 74^{m}50, alors que la cote majeure des rues à Dunkerque, est de 7^m. On a donc une différence de 67^{m}50, dont une partie sera absorbée par la perte de charge dans le parcours, de manière à ne laisser à l'arrivée que 3 ou 4 atmosphères de pression : ce qui est très suffisant. La distance de Houlle à Watten, de l'origine du tuyau de refoulement jusqu'au réservoir supérieur, est d'environ 7 kilomètres, et la distance de Watten à Dunkerque est de 33 kilomètres : ce qui donne approximativement 40 kilomètres de canalisation pour l'adduction des nouvelles eaux. Dans la ville même de Dunkerque il y a peu de travaux à exécuter : l'ancienne canalisation des rues, qui s'étend sur 22.000 mètres, est encore excellente et sera totalement utilisée.

Telles sont les explications qui nous ont été procurées par M. Deguisne, l'éminent ingénieur concessionnaire, et que nous avons pu vérifier par nous-mêmes. On revient de cette étude ou de cette excursion avec une sorte de contentement mêlé d'une forte admiration. La pureté des eaux de sources de Houlle, leur limpidité, leur goût suave ainsi que leur abondance, la beauté des travaux accomplis, les difficultés qu'il a fallu vaincre pour les mener à prompte et bonne fin, le pittoresque du paysage, tout cela influe sans doute sur l'esprit du touriste, mais n'en prouve pas moins la haute compétence de l'ingénieur qui s'est mis à la tête de cette entreprise. L'excursion de Houlle est à faire et sera certainement faite par beaucoup, par tous ceux qui s'intéressent non-seulement à la salubrité de Dunkerque, mais encore aux souvenirs historiques, aux charmes de la nature et surtout aux découvertes de la science.

Georges KREMP,
Professeur d'histoire et de géographie au collège de Dunkerque.

Le 1ᵉʳ mai 1891.

www.ingramcontent.com/pod-product-compliance
Lightning Source LLC
Chambersburg PA
CBHW061623040426
42450CB00010B/2632